Silvia Henke, Dieter Mersch, Nicolaj van der Meulen,
Thomas Strässle, Jörg Wiesel

Manifest
der Künstlerischen Forschung

Eine Verteidigung gegen ihre Verfechter

versetzt mit »Bildstücken« –
Deklination einer Collage von Sabine Hertig (2019)

DIAPHANES

Reihe **DENKT KUNST** des Instituts für Theorie (ith) der
Zürcher Hochschule der Künste (ZHdK) und des Zentrums Künste
und Kulturtheorie (ZKK) der Universität Zürich.

1. Auflage
ISBN 978-3-0358-0290-0

Layout, Satz: 2edit, Zürich
Druck: Steinmeier, Deiningen
www.diaphanes.net

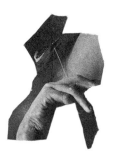

Falsche Konkurrenz

Seit ihren Anfängen in den 1990er Jahren ist die Künstlerische Forschung von der Politik getrieben. Ohne die strikte Akademisierung der Design- und Kunststudiengänge, wie sie durch die Bologna-Reform vorangebracht wurde, wäre das Gebilde, das wir »Künstlerische Forschung« nennen, kaum geboren worden.

Nach mehreren Konturierungs- und Konsolidierungsphasen hat sich die Künstlerische Forschung inzwischen weithin etabliert, sowohl bildungs- und institutionenpolitisch als auch forschungs- und förderungspolitisch. Und sie hat sich nicht nur etabliert, sie ist auch auf fast alle künstlerischen Felder expandiert.

Doch sind ihr die Spuren ihrer Selbstbehauptung noch anzusehen. Als eine Forschungspraxis, die sich in erster Linie an Kunsthochschulen verortet, stand die Künstlerische Forschung von Beginn an im Wettstreit mit universitären Forschungspraktiken: mit deren institutionellen Rahmenbedingungen ebenso wie mit deren klassischen Beurteilungskriterien (*state of the art*, Klärung der Methodologie, Erkenntnisfortschritt, Outputdaten etc.).

Und sie steht es noch: Künstlerische Forschung gilt bis heute bestenfalls als Juniorpartnerin der akademischen Wissenschaften – von diesen vereinzelt mit Interesse verfolgt, manchmal mit Befremden zur Kenntnis genommen, häufig genug belächelt.

Das liegt nicht nur am Besitzstandsdenken der Universitäten, es liegt auch an der Künstlerischen Forschung selbst. Bis heute leitet sie ihr Selbstverständnis wesentlich aus der Auseinandersetzung mit akademischer Forschung her, und dies gleich in mehrfacher Hinsicht: Sie importiert deren theoretische Modelle und methodische Optionen, sie übernimmt deren Evaluations- und Distributionsformen, und sie strebt danach, sich über die klassisch-akademischen Qualifikationsformate wie die Promotion zu nobilitieren.

1. **Die Künstlerische Forschung kann sich nur dauerhaft etablieren, wenn sie sich von der universitären Forschung emanzipiert. Stattdessen unterwirft sie sich methodisch-theoretisch und institutionell einem universitär-akademischen Regime.**

Solange die Künstlerische Forschung auf die Richtlinien der universitären Forschung schielt und sie zu imitieren sucht, begibt sie sich in eine Konkurrenz, in der sie nicht bestehen kann und auch nicht soll. Vielmehr verspielt sie dadurch ihr originäres Potenzial.

Die Lage ist verwirrend: Während die Universitäten sich zunehmend für performative Formen der Wissensvermittlung interessieren (unter Labeln wie *Science Days*, *Lecture Performances* oder *100 Ways of Thinking*) und auf die Anwendungsorientierung ihrer Forschungen und neuen Studiengänge schielen, träumen Kunsthochschulen weiterhin von einer Verwissenschaftlichung bzw. Akademisierung ihrer Forschung – in der Annahme, dies sei der Weg ihrer politischen und wissenschaftstheoretischen Legitimation.

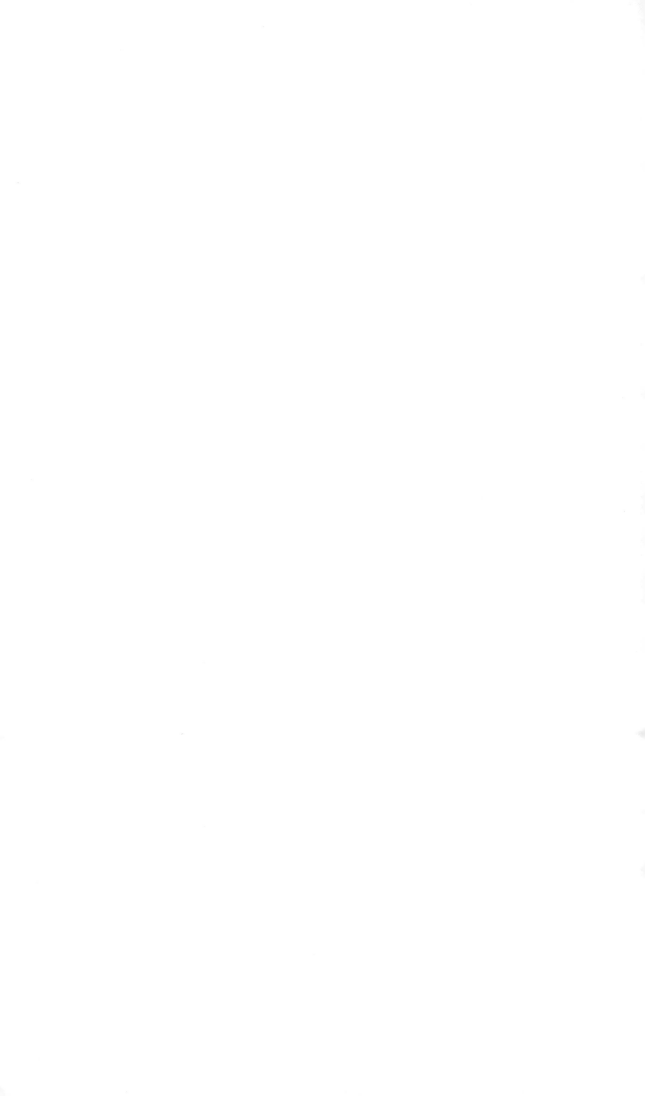

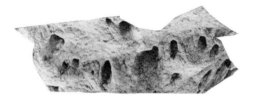

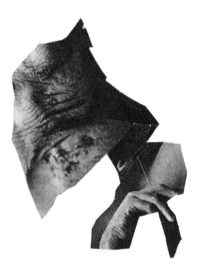
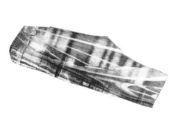
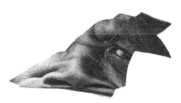

Drei Probleme

Ein *erstes Problem* ist das Personal. Diejenigen, die an Kunsthochschulen Künstlerische Forschung betreiben, zu ihrer Theoriebildung beitragen oder Forschungsabteilungen leiten, entstammen meist selbst den Universitäten und haben hohe akademische Abschlüsse (was inzwischen zu einem ausschlaggebenden Kriterium bei Stellenbesetzungen geworden ist). Oft gerieren sie sich als Abtrünnige aus dem universitären Feld und reproduzieren doch dessen Arbeitsweise. Sie tun dies nach einem strengen oder teilweise auch undeutlichen Verständnis dessen, was alles ›Wissenschaft‹ sein kann, und zwar sowohl hinsichtlich ihrer Sprache als auch ihrer Zielsetzung und Forschungsmethodik.

Ein *zweites Problem* sind die ästhetischen und philosophischen Referenzen. Aktuell führen die Verfechter Künstlerischer Forschung ein ziemlich grobkörniges Verständnis von Theorie, Diskurs und Reflexion mit sich, das die Konturierung einer spezifischen Praxis Künstlerischen Forschens eher behindert als befördert. Das liegt auch an unzureichenden Analogien: Angeführt werden beispielsweise die aus der Wissenschaftsforschung stammenden »Laborstudien« und »Experimentalsysteme«, die von vornherein irreführende Anleihen machen, als ob sich einerseits das Künstlerische des Forschens in Serien von Experimenten erschöpfte und sich andererseits Forschung als Kunst im Labor als deren bevorzugter Stätte vollziehen müsste.

Zu einem anderen Künstlerischen Forschungsparadigma avancierten die aus den Sozialwissenschaften entliehenen qualitativen und quantitativen »Befragungen« und »Beobachtungen« – in der Hoffnung, die Vagheiten Künstlerischer Forschung durch die Stimmen der Vielen objektivieren zu können. Ein weiteres Feld bildet die Ethnographie: Es scheint, als seien die Künste bevorzugt mit einem fremden Blick ausgestattet, der die Welt gleichsam mit den Augen der Anderen betrachten könne, um ihre verborgenen Wunderkammern zu besichtigen. Diese Analogien sind schief: Durch sie werden ästhetische Arbeitsweisen den Wissenschaften nur verähnlicht, sodass sie die spezifische Form ihrer Intellektualität und ihre Besonderheit gegenüber wissenschaftlichen Verfahren einbüßen.

Ein *drittes Problem* besteht in der Zuflucht bei angesagten Theorien. Historische Epistemologien, »Actor-Network-Theory«, »Object-Oriented Ontology« oder »New Materialism« sowie bevorzugte Denker wie Gilles Deleuze, Michel Foucault, Karen Barad oder Donna Haraway werden weniger rezipiert und kritisiert, als vielmehr benutzt und wie Zitatsteinbrüche ausgebeutet. So werden Theoriebausteine verfertigt, die ästhetisches Denken nicht ansatzweise zu erfassen suchen. Vielmehr wird mit Leerstellen operiert, die von den Verfahrensweisen Künstlerischer Forschung eifrig ausgefüllt werden. Das orthodoxe Insistieren auf »Forschungsfragen«, »Forschungsmethoden« und »Forschungsergebnissen« führt darüber hinaus zu schematischen Anwendungen, die Theorie nicht als eine zu modellierende reflexive Arbeit des Denkens, sondern als Aktivierungsprothese begreifen. Dadurch wird das Potenzial Künstlerischen Forschens, den Geltungsbereich begrifflicher Arbeit mit zu befragen, ebenso verspielt wie die Möglichkeit eines dynamischen Dialogs zwischen begrifflicher Reflexion und den Praktiken ästhetischer Reflexivität.

2. Künstlerische Forschung ist kein Spielplatz für gescheiterte WissenschaftlerInnen. Und auch nicht für gescheiterte KünstlerInnen.

Auffallend ist, wie die Konjunkturen Künstlerischer Forschung von vielen Künstlerinnen und Künstlern nur widerwillig aufgenommen werden oder sie sich diesem Etikett sogar bewusst verweigern. Umgekehrt wird das Etikett von Akademikern bereitwillig aufgegriffen, um sich an die Spitze der Bewegung zu setzen und sie zu theoretisieren. Daraus resultiert eine terminologische Beglaubigungskultur, die Theoriestereotype auf- und abruft, anstatt autochthon zu argumentieren und sich von der genuinen Kraft des Ästhetischen leiten zu lassen.

Mit diesen Konjunkturen korreliert ein unverhohlenes Outputdenken, das die künstlerische Praxis auf ebenso überprüfbare wie nachvollziehbare Resultate eicht, welche sich in Publikationen oder auf Webseiten distribuieren lassen. Meist versteht sich dieses Denken als institutionen- und machtkritisch und widerspricht sich immer selbst, wenn es sich hinter dem universitären Denken um die Geldtöpfe der Fördergesellschaften anstellt.

Es wird ein Wettstreit der Methoden entfacht, der nicht nur vage vom Methodischen spricht – und dabei dessen immanente Dressuren reproduziert –, sondern auch verkennt, dass die Künste gerade nicht gemäß einer strikten Methode (einem *met'hodos*) in präfigurierten Bahnungen vorgehen, sondern in Gestalt von Sprüngen, Seitengängen oder Umwegen, die stets neue und unvermutete Gegen-Wendungen generieren und deren nichtlineare ›Versuche‹ sich gerade kein Ziel setzen, sondern bestenfalls Irritationen und dadurch verwegene Öffnungen auslösen. Wenn es der Künstlerischen Forschung gelänge, diese Praktiken aus der Kunst herauszubilden, sie fortzuschreiben und produktiv in den Wissenschaftsdiskurs einzubringen, wäre mit einer Wissenschaftsrevolution zu rechnen.

Zugleich gefallen sich Künstlerinnen und Künstler darin, vor allem mit den Naturwissenschaften zu kollaborieren, um mit ihnen gleichzuziehen. Kunstwörter wie »Artscience« oder »Scienceart« sind entstanden, um transdisziplinäre Potenziale zu unterstreichen, die meist nur darin bestehen, dass die Kunst den Wissenschaften neue Ideen liefert, eine andere Form von Kreativität vorführt oder Perspektiven aufwirft, an die zuvor noch nicht gedacht worden war. Keineswegs kann von einem gleichberechtigten »Dialog« oder einer »Begegnung« auf Augenhöhe gesprochen werden. Vielmehr bleibt die Vorgehensweise der Künste durch die Wissenschaften so unverstanden wie deren durch diese.

3. **Mehrere Missverständnisse verstellen die Perspektive darauf, was Künstlerische Forschung sein kann – im Sinne einer Forschung, die sich gegenüber etablierter künstlerischer wie auch wissenschaftlicher Praxis durch eine eigene Weise des Denkens auszeichnet.**

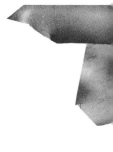
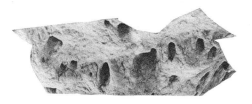

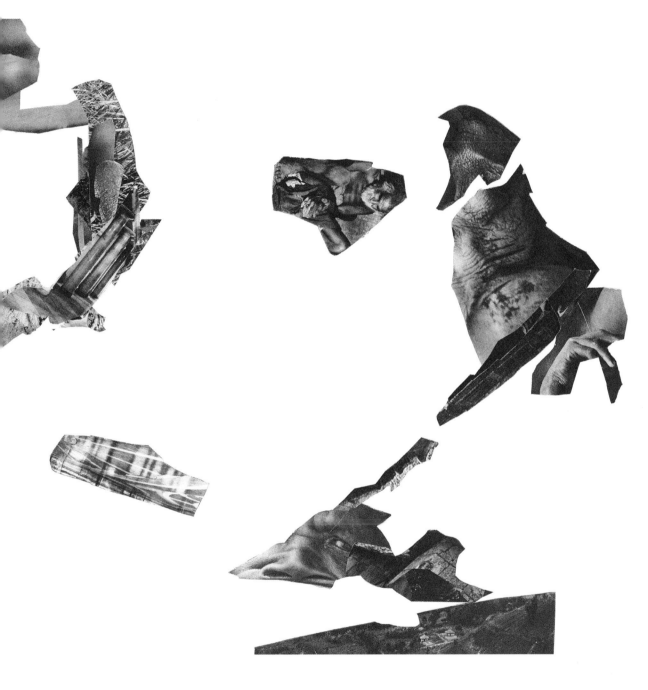

Vier Missverständnisse

Erstens greift die Überzeugung um sich, Künstlerinnen und Künstler seien vor allem dann forschend tätig, wenn sie möglichst viele Informationen sammeln und verarbeiten. Dies führt zu einer Kunst qua »Recherchekunst«, die ohne Displays, Roundtables und Begleitpublikationen nicht mehr zugänglich ist und sich in Gestalt undurchschaubarer Ausstellungsinstallationen präsentiert, die vor allem eines zur Schau zu stellen suchen: die verwirrende Komplexität von Relationen, meist getragen von einem massiv sich in Szene setzenden kuratorischen Diskurs.

Zweitens hat sich eine Forschungspraxis etabliert, die Kunst eher sekundär gebraucht – und missbraucht –, als dass sie wirklich in ihr denken und mit ihr arbeiten würde. Dabei greift sie auf Verfahren der Sozialforschung, der »Grounded Theory« oder auf informationstechnologisch situierte Forschungsdispositive zurück und benutzt Strategien, die nichts anderes als spektakuläre Feuerwerke der Sinne inszenieren und staunen machen sollen. Statistiken, Interviews, teilnehmende Beobachtung, Datenvisualisierung, technische Innovationen oder naturwissenschaftliche Experimentalanordnungen, bespickt mit einer Streuung mehr oder weniger unzusammenhängender Kommentare, versperren den Blick auf die eigentliche künstlerische Unruhe, die Praktiken der Durchquerung von Medien und Materialien, bis hin zu einem Umsturz, der erschließen kann, was den wissenschaftlichen und technischen Vorgehensweisen unzugänglich bleibt.

Drittens hat sich ein Forschungsverständnis durchgesetzt, das die Kleinteiligkeit akademischer Wissensgenerierung nachahmt, um die künstlerische Signatur an abwegige oder marginale Fragestellungen anzukleben, die nichts als Miniaturverschiebungen im Gewebe eines bereits hundert Mal Gezeigten, Gesagten oder Untersuchten vornehmen, als ob Forschung allein in der Besetzung von Nischen oder aus Variationen und Anwendungen auf noch unerprobte Objekte bestünde. Häufig bezeichnet sogar der Ausdruck

»Künstlerische Forschung« nicht mehr als ein Label, das den ästhetischen Produktionen nachträglich verliehen wird, um sie aufzuwerten.

Es ginge aber darum, künstlerische Praxis und künstlerische Forschung als zwar verschwisterte, aber nicht notwendig identische Praktiken zu begreifen. Künstlerische Forschung steht und fällt nicht mit einer Verbindung zum Künstlerischen, sondern zum Ästhetischen. An Künstlerischer Forschung ist darum nicht das Attribut *Kunst* wesentlich, sondern der Begriff der *Aisthesis*, der sinnlichen Erkenntnis. Sie beansprucht keine Autonomie. Aber Künstlerische Forschung beweist dort ihre Berechtigung, wo sie intervenierend und intermittierend in Wissenschaftsdiskurse wie auch in Alltagswelten eingreift, um diese weiterzuentwickeln, zu verwandeln oder zu verschieben und in überraschende, manchmal auch unverständliche Richtungen voranzutreiben.

Schließlich scheint es, *viertens*, auszureichen, sich als »forschend« zu verstehen, wenn mit der eigenen Praxis, auf welche Weise auch immer, der Hegemonie institutionalisierter akademischer Forschung widersprochen und ihr Alleinvertretungsanspruch durchkreuzt wird. Die Betonung eines genuin »künstlerischen« Forschungsinteresses reicht offenbar aus, um sich als subversiv, machtkritisch und aktivistisch zu verstehen. Dies ungeachtet der Tatsache, dass eine solche Politik der Negation der Souveränität wissenschaftlichen Wissens indirekt wieder zuspielt – indem sie es ihm eifersüchtig gleichzutun sucht und sich zugleich weigert, einen eigenen, positiven Wissensbegriff zu entwickeln.

4. **Das Potenzial Künstlerischer Forschung besteht darin, Disziplinlosigkeit zu behaupten, Unbestimmtheit zuzulassen, Negativität zu integrieren und Anschaulichkeit zu suchen. Dies wird von einem rigorosen Wissenschaftsverständnis her als unzureichend bewertet.**

Die Künstlerische Forschung ist darum nicht die Forschung der Kunst. »Forschen« kommt hier überall von »Finden«. Der Findung ist der Zufall eingeschrieben. Aus diesem Grund können für Findungsprozesse »Knoten« (Ronald D. Laing), Verwicklungen oder gar Verwirrungen leitend sein – und nicht die strenge, geradlinige »Suche« (*search*, *research*, *recherche*) mithilfe eines Systems oder anderswo legitimierter Modelle.

Forschen im Sinne eines Findens, ohne gesucht zu haben, wird dann sichtbar, wenn alle Erwartungen an Theorie erschöpft sind und die Begriffs- und Methodenbildung abgeschlossen scheint. Dann wird die autochthone Kraft des Aufweisens, Sichtbarmachens oder Zeigens und Zeugens bedeutsam, die in hohem Maße ins Sinnliche eingesponnen ist und multiperspektivisch verfährt. Forschung ist keineswegs daran gebunden, Normen wie Propositionalität oder Diskursivität zu befolgen oder wissenschaftliche Exoteriken zu bedienen.

Vielmehr verfügt Künstlerisches Forschen als ästhetisches über die Qualität des Singulären. Von seiner Praxis her gelingt es, sich in verschiedenen Zonen der Unbestimmtheit aufzuhalten, Negativitäten, Unschärfen oder Friktionen auszuhalten, mit Fiktionen und Disruptionen zu arbeiten und mit Akkuratesse und Klarheit die subtilsten Details aufzurufen und ästhetisch sichtbar zu machen. Das Metier solcher Forschung sind folglich das Unsagbare oder Undarstellbare sowie Formen von Unvereinbarkeit, die eine eigene Spannung und Intensität entfalten und erkenntnisstiftend wirken. Dies erfordert das Zugeständnis an besondere Vermögen. Sie enthüllen sich entlang konkreter Praktiken.

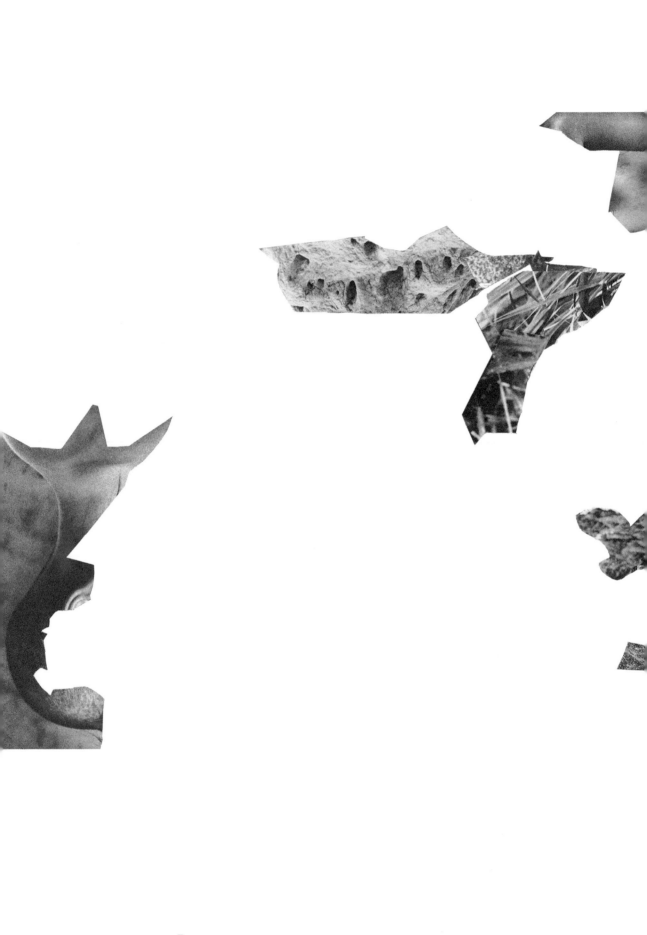

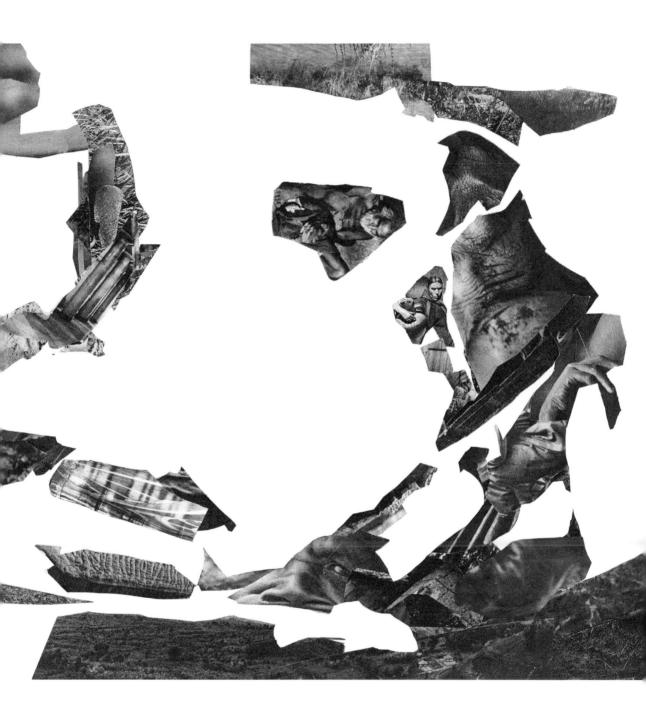

Theorie und Praxis

Hat der Begriff der Praxis mit der *Encyclopédie* (1751) von Denis Diderot und Jean-Baptiste d'Alembert in Bezug auf die Künste und das Handwerk eine entschiedene Aufwertung erfahren, so ist er heute, wo immer er auftaucht, mit einem Versprechen verbunden. Als Nähe zu konkretem Handeln, zur Arbeit oder zum sich real Ereignenden bezieht sich dieses Versprechen auf Utilitaritäten wie Lösungsorientierung, Machbarkeit, Brauchbarkeit oder Nützlichkeit. »Praxis« suggeriert nicht nur eine implizite Faktualität, sondern zugleich eine Beherrschbarkeit des Realen, einen Eingriff in seine Verhältnisse, eine Handlungsmacht, die Veränderung ermöglicht, ob in der Politik, in der Ausbildung, im Sozialen oder in den Wissenschaften – oder eben auch in der Forschung an Kunsthochschulen.

Gerade die Beziehung der Künstlerischen Forschung zu ihrer Schwester, der Designforschung, hat die Frage nach der Anwendungsorientierung immer wach gehalten. Man könnte sagen, dass die Anwendungsorientierung (*Mode 2*) die Künstlerische Forschung überlebensfähig, die Grundlagenorientierung (*Mode 1*) hingegen salonfähig machte. Dass die Künstlerische Forschung nach wie vor nach einer Akademisierung strebt, zeigt zugleich, dass sie sich nicht ohne Weiteres zum Fachhochschulsystem bekennen will.

Die politische Lösung war die Einführung einer neuen Kategorie: die der »anwendungsorientierten Grundlagenforschung«, wie beim Schweizerischen Nationalfonds. Die Künstlerische Forschung konnte sich des Dilemmas zwischen Anwendungsorientierung und Grundlagenforschung nie ganz entledigen. Das mag mit ein Grund dafür sein, dass sie sich viel eher technikaffin zeigt als interessiert ist an der Dimension des Ästhetischen.

Anwendbarkeit und Praxisrelevanz bilden denn auch die Schlüsselfaktoren für den Erfolg von Forschungsanträgen. Vorformulierte Hypothesen, Vorgehensweisen und antizipierte Zielsetzungen dienen dazu, die Konventionen der Wissensbildung normativ zu sanktionieren, kontrollierbar zu halten und ihren Prozess auf Ergebnisorientierung hin zu kanalisieren. Die Suggestivwirkung der Praxis führt zum Glauben, dass zumindest in einigen Gebieten oder Disziplinen die Praxis der Theorie vorausgehen und sie anleiten könne. Im *Mode 2* der wissenschaftlichen Forschung erweist sich diese Praxisorientierung sogar als wichtiger als die Grundlagenforschung, die einstmals im *Mode 1* jene dirigierte.

Insbesondere bietet sich der Begriff der »Praxis« heute (wieder) so dar, als ob er für sich alleine stehen und gelten könnte. Es genügt, die Praxis anzurufen wie eine Zauberformel, durch die sich alles lösen lässt. Unterstellt wird, dass das Praktische sogar stärker sei als die Theorie, dass die Praxis ohne Theorie auskomme, dass sie überhaupt eine atheoretische Veranstaltung sei, die unter pragmatischen Slogans wie »Against Theory« munter drauflos agieren könne, ohne sich ihrer eigenen Grundlagen und Teleologien zu versichern. Auch hat die Vorstellung (wieder) Konjunktur, dass zwischen der Theorie und der Praxis ein Abgrund klaffe, gemäß dem die Theorie das Abstrakte, Graue, Unnötige, Schwache oder Lebensferne darstelle, während die Praxis im Glanz ihres Erfolgsversprechens direkt voranschreite. Überall punktet in der gängigen Rhetorik die Praxis als Konkretion, als Kraft, die »macht«, angefeuert vom Elan des Aktionismus und der Akzeleration.

Vergessen geht dabei, dass es »die« Praxis nicht gibt, dass sie auf ein Umfeld verwiesen bleibt, aus dem heraus sie sich formuliert und begreifen lässt. Praktiken sind, wie Theorien, stets »bezogen« und damit relativ zu Kontexten und Situationen, worin sie eingebettet sind und worauf sie antworten. Insbesondere verknüpfen sie sich mit dem Realen kraft ihrer Performativität. Als Performativa aber besitzen sie immer schon einen zeitlichen Horizont, entwickeln sich ebenso aus etwas heraus, wie sie in Zukünfte weisen, die sie nicht kennen und über die sie nicht verfügen können. Praktiken entziehen sich aus diesem Grund der Kontrolle, weshalb sie der Reflexion bedürfen, ohne die sie in schiere Setzung, gar in Gewalt oder Ignoranz umschlagen. Ihre Reflexivität – ihre Grundierung durch Einsicht, Anschauung, Erkenntnis und Selbstbezüglichkeit – garantiert ihre Revidierbarkeit. Sie erinnert die Praxis daran, dass sie Konsequenzen hat und Nebenwirkungen

zeitigt, die sie mitunter weder intendierte noch jemals ein-
zuholen imstande sein wird. Keine Praxis hat sich, weder in
Bezug auf die Vergangenheit, der sie entspringt, noch auf die
Zukunft, auf die sie zuläuft, in der Hand. Das gilt auch für die
künstlerische Praxis, die sich als Kunst nur manifestieren
kann, wenn sie jeden Augenblick dieser Dialektik eingedenk
bleibt.

5.   **Die Praxis erfordert die Theorie wie die Theorie die Praxis.
     Als *practice based research* bleibt die Künstlerische For-
     schung stumpf, wenn sie ihre Reflexion und Reflexivität
     verweigert.**

Mithin erweist sich die Dichotomisierung von Theorie und
Praxis als fatal: Sie wird der Kunst genauso wenig gerecht wie
der Ästhetischen Forschung. Aber auch das Theoretische existiert nicht »für sich« als reines Abstraktum. Ebenso sehr auf
eine Geschichte, einen sozialen Raum und seine Bedingungen oder auf kommunikative Kontexte bezogen, bilden Theorien selbst Praktiken, die als diskursive ihren eigenen Regeln
folgen. Rückgebunden an andere Theorien, an Debatten und
gesellschaftliche Auseinandersetzungen sind sie stets auch
Interventionen und Vorstöße, initiieren sie Polemiken und
Zuspitzungen, ja lancieren sie Provokationen, deren performative Energien den praktischen Kämpfen in nichts nachste-
hen.

Folglich ist die Theorie nicht die Antithese zur Praxis,
wie die Praxis keine Antithese zur Theorie darstellt. Beide
fallen indes auch nicht in eins. Sie ergeben nicht einmal ein
Kontinuum, sondern halten sich zueinander in einem Ab-
stand, in einer Brechung, die sie in ein nichteindeutiges Verhältnis rückt. Die Spaltung in Theorie und Praxis erweist sich
insofern als fehlgeleitet, als sie eine Aufteilung in disparate
Räume oder Kompetenzen vornimmt, die zwischen ihnen
keine Berührung zulässt. Wenn sie der Praxis insgeheim doch
den Vorrang erteilt, vergibt sie nicht nur ihr Potenzial *als* Praxis, die in sich eine *Theoria* (im Wortsinn von »Anschauung«,
»Einsicht« oder »Betrachtung«) birgt und die so analytisch wie

sinnlich verfährt, sondern auch das Potenzial eines epistemischen Handelns, das seine Geltung und Grenze kennt.

Demgegenüber vergisst das »wilde« Praktizieren, dass es nicht nur eine Position innerhalb der historisch-ideologischen Ordnung des Pragmatismus darstellt, die Ziele und Zwecke genauso wie Effektivitäten präferiert, sondern dass es genau diese Ordnung und deren gedankenlose Produktion sind, die die Praxis zum Stolpern bringen können und ihr die Notwendigkeit einer »Zurückbiegung« oder »Umwendung« (*reflectere*) auferlegen. Ähnliches gilt für eine isoliert betrachtete theoretische Arbeit, die beharrlich um sich selbst kreist: Auch sie kann sich verheddern, in die Irre führen oder Chimären nachlaufen, indem sie sich in Theoriefiktionen oder irrelevanten Mikrofragen verliert.

Wer im Handeln ständig versagt, benötigt eine angemessene Handlungsreflexion, um die Gründe des Versagens zu verstehen. Und wer im Theoretischen ständig dieselben Begriffe benutzt, sieht sich über kurz oder lang einer unverständlichen Welt ausgesetzt, der gegenüber sie oder er unlösbar ausgeliefert bleibt. Praktiken sind nie vollständig, sondern im Gegenteil fehleranfällig, manchmal kurzatmig und irrtumsbeladen. Gleichermaßen sind Theorien nie unschuldig oder aus sich selbst heraus legitim, sondern bezogen und darum mitunter vorurteilsbeladen, engstirnig oder gar besessen vom Tourette-Syndrom zwanghafter Wiederholung. Wo beide separat verhandelt werden und distinkt bleiben, ergehen sie sich in ihren Selbsttäuschungen oder verfangen sich im Labyrinth ihrer Interessen und bleiben gegenüber Gegenläufigkeiten und Kollateralschäden blind.

Es handelt sich folglich genauso um einen Gemeinplatz, dass die Praxis, im Augenblick ihres Vollzugs, ausreichend und hinlänglich durch die Umstände bedingt sei, wie es sich um einen Gemeinplatz handelt, dass die Theorie abstrakt und bestenfalls mit sich selbst beschäftigt sei. Insofern gilt es darauf zu bestehen, dass das angebliche Primat der Praxis gegenüber der Theorie nichts als eine Taktik bedeutet: nämlich immer wieder von neuem nachzuweisen, dass die Theorie grau sei, was schon in Goethes *Faust* ein Satz des Teufels war, um den Schüler zu verwirren. Umso mehr bedarf es aus der Perspektive der Künstlerischen Forschung einer Neujustierung im Verhältnis zwischen Theorie und Praxis – einem »Zwischen«, das beide ebenso trennt wie verbindet.

6. Künstlerische Forschung verlangt nach einem genuinen Praxis- und Wissensbegriff.

Die am historischen Beginn der Künstlerischen Forschung liegenden Diskurse um das »Wissen der Künste« und die »Kulturen des Wissens« haben das Potenzial der Künstlerischen Forschung nicht hinreichend erkennbar machen können. Zwar ist die vielfach abgewandelte These von einem Crossover zwischen Wissenschaft und Kunst nicht falsch, aber missverständlich. So lässt sich gewiss mit Gründen darlegen, dass auch die künstlerische Praxis über ein genuines Wissen verfügt, wie sich umgekehrt die wissenschaftliche Praxis im Experimentalsystem gelegentlich künstlerisch verhält, indem sie sich der Intuition bedient, kreative Sprünge unternimmt oder zu künstlerischen Verfahren wie der Serialisierung oder der Re-Kombination greift. Aber was ist mit dieser Analogie gewonnen? Der Wissensbegriff künstlerischer Praxis, der hierbei unterstellt wird, geht kaum über die klassischen Bestimmungen hinaus, die das Wissen »theoretisch« determinieren, an »Verifikationen« binden und auf ein »Aussageformat« reduzieren, als sei allein das »gewusst«, was durch Bestimmungen »begriffen« wird und sich als »wahr« oder »falsch« bezeichnen lässt. Dieses Wissensverständnis verstellt die Eigenart des Ästhetischen, die bereits Kant einem anderen und »dritten« Terrain zugewiesen hat und »zwischen« theoretischer und praktischer Vernunft platzierte, die daher weder das eine noch das andere ist.

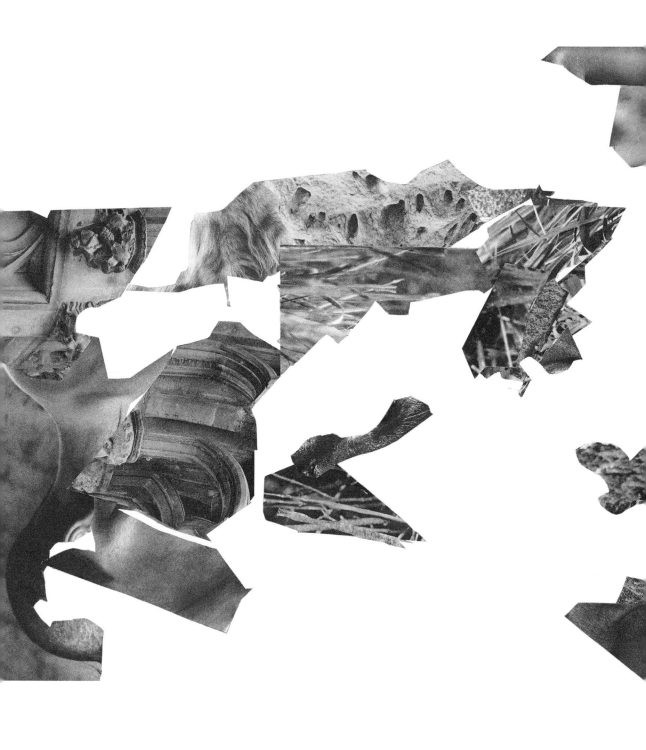

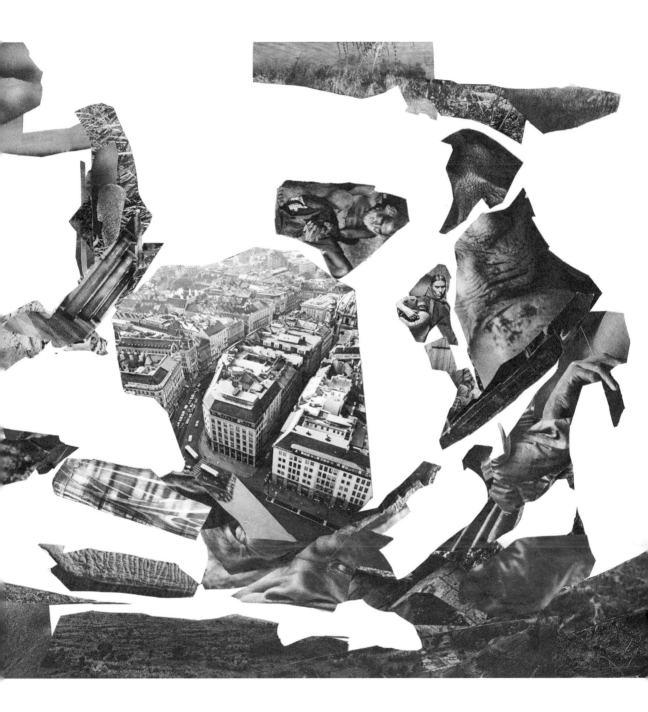

Ästhetisches Wissen

Ein an wissenschaftlicher Erkenntnis genährtes Wissensverständnis wird notwendigerweise die überlieferten instituierten Wissenschaftspraktiken reproduzieren und Prinzipien wie Begründung, methodische Fundierung oder Empirie und Experiment auf die Heterogenität ästhetischer Praktiken übertragen. Das zeigt sich z. B. anhand von Michael Polanyis auch für die Künstlerische Forschung prominent herangezogenen Konzepts des *Tacit Knowledge*, demzufolge das Praktische über ein nicht-sagbares Vermögen verfügt, das implizit bleibt und sich sekundär in den jeweiligen Werken verkörpert.

Ungewollt wird so die Unfähigkeit der Künste zu ihrer eigenen Explikation mitformuliert. Die ästhetische Praxis, die das Handlungsfeld der Künstlerischen Forschung darstellt, induziert aber selbst schon eine Explikation *mit* eigenen – anderen – Mitteln und *in* eigenen – anderen – Medien. Tun (*Praxis*), Hervorbringen (*Poiesis*) und Können (*Techne*) greifen dabei auf besondere Weise ineinander: Das Ziehen einer Linie bedeutet bereits ein expliziertes Wissen, das sich *als diese Linie* ausstellt; die Verwendung bestimmter Materialien bildet keine bloße Konvention, sondern *eine bewusste Wahl*, die an den Gegenständen eine Widersetzlichkeit oder Autonomie deutlich macht; eine Folge, Mischung oder Schichtung von Farben birgt die Kenntnis darüber, welche Effekte sie erzielt oder welche Wirkung von ihr im Gesamtgefüge einer Komposition ausgeht; ein Ton, der einem anderen als Kontrapunkt oder Gegen-Schlag folgt, weiß ausdrücklich um den Kontrast, den er setzt – wie rhythmische Punktierungen um den Puls wissen, dem sie aufruhen; und schließlich induziert eine Figur, die einen Text skandiert und unterbricht, bewusst ein ambiges Bild, das den Fluss der Rede in unerwartete Konnotationen verzweigt.

Es ist aus diesem Grund eine Irreführung, ein »Wissen« der Künste zu supponieren, das mit dem diskursiven oder wissenschaftlichen Wissen in Wettstreit tritt, um es seiner Aussagbarkeit gleichzutun. Es ist jedoch genauso eine Irreführung, wie seit Beginn der philosophischen Ästhetik bei Baumgarten geschehen, von einem »ästhetischen« oder »sinnlichen« Wissen als einer lediglich verworrenen Erkenntnis zu sprechen, die noch erklärt bzw. »aufgeklärt« werden müsse. Ästhetisches Denken steht dem philosophischen und wissenschaftlichen Gedanken, seiner Explikation durch die Sprache in nichts nach, nur verwendet es andere mediale Formen und Weisen von Ausdrücklichkeit. Es beansprucht eine besondere Gültigkeit, die sich diskursiven Geltungsansprüchen nicht fügt, ihnen aber auch nicht unterliegt bzw. unterlegen ist.

Und nicht zuletzt sind wir mit einer dritten Irreführung konfrontiert, wenn wir glauben, dass jenseits der Alternative von Diskursivität oder Ästhetik spezifisch »praktische« Kenntnisweisen existierten – auf Fertigkeiten beruhend, die allein Praktikern zugänglich sind, die sich ihnen einverleibt haben und auf irgendein vages Gespür zurückgehen. Alle drei Versionen reproduzieren vielmehr die Hierarchien, die von Anfang an die Ästhetik als autonomen Bereich der Erkenntnis verschatteten und deren Vorurteil heute weiterhin auf die Künstlerische Forschung übergeht, solange sie nicht imstande ist, einen eigenen Wissensbegriff für sich zu reklamieren, der weder ein spezifisch praktisches Wissen postuliert noch ein anderswo gewonnenes theoretisches Wissen anruft.

7. **Um dem Forschen in den Künsten gerecht zu werden, bedarf es der dezidierten Analyse ihrer Praktiken und einer Revision der überlieferten Kategorien zur Beschreibung von Kunst – insbesondere der subjektiven Autorzentriertheit, des Anschlusses an philosophische Wahrheit sowie der Festlegung auf Inspiration, Kreativität, Originalität und Imagination.**

Zweifellos gründet Forschung in einem Tun, aber keineswegs unabdingbar in einem geordneten oder systematischen Handeln, das auf verifizierbare bzw. falsifizierbare Ergebnisse zielt und sich am »Erkenntnisfortschritt« ausrichtet. Entsprechend resultieren Forschungen im Ästhetischen in keinem »Werk« oder »Produkt«, das sich der Vermessung preisgibt. Auch bezeichnet Forschung kein lineares Setting, das von Hypothese zu Hypothese schreitet, um einen Kausalnexus zu entschlüsseln oder Gesetzmäßigkeiten zu behaupten. Vielmehr genügt es, von einem anhaltend reflexiven Prozess innerhalb von Praktiken zu sprechen, der selbstreferentiell verfährt und deshalb die Prozesshaftigkeit selbst betrifft: die Auswahl der relevanten Elemente, ihre Verortung und Zusammenstellung im Suchaufbau, ihre sinnliche Präsenz und Brisanz, ihre Medialität und Materialität wie auch jedes Moment und Detail ihrer Gestaltungsarbeit. Das Ästhetische umfasst damit eine Totalität, in der nichts zufällig oder auch nur unauffällig bleibt und deren Genauigkeit sich daran bemisst, wie bewusst alle diese Teile oder Aspekte zueinander in Bezug gebracht werden.

Für solche Prozesse greifen überlieferte wissenschaftstheoretische Begriffe wie »Vorgehensweise«, »Resultat« oder »Kriterium« und »Beweis« nicht. Ästhetische Praktiken stehen nicht als vorgegebenes Repertoire zur Verfügung. Sie sind weder kanonisier- noch klassifizierbar, sondern forschend im Sinne eines je singulären »Vor-Gehens« (*avant-garde*) mit eigener Rigorosität und Radikalität. Zwar hinkt der Vergleich mit wissenschaftlich etablierten Methodiken, doch können ästhetisch-künstlerische Forschungen gelungene Beispiele aus der Vergangenheit wie aus der Gegenwart extrapolieren. Sie gleichen Exempeln, nicht Paradigmen, und spielen daher einer offenen Heuristik und tentativen Annäherung an mögliche Arbeitsweisen und Haltungen zu.

So haben das 20. und 21. Jahrhundert in der Philosophie, in der Psychoanalyse und in der Kunst- und Literaturtheorie und -praxis Wege aufgezeigt, mit denen sich Fragen des Handelns, der Materialität und Medialität, wie sie sich im Begriff der Praxis eingenistet und verzweigt haben, neu stellen lassen. Es sind Weisen eines ungesicherten »Vor-gehens«, das um das Prekäre seines »Vorgangs« wie überhaupt seines voraneilenden »Gangs« weiß und das sich deshalb in jedem Schritt neu versichern muss, auf welchem Terrain es sich eigentlich bewegt. Wie »Wissen« ein »Wissen des Wissens« supponiert, ist Kunst immer auch »Kunst über Kunst«, die ihr Arbeiten abgründig und zuweilen sogar zirkulär erscheinen lässt, ohne dass die Zirkularität hier ein Gegenargument wäre. Vielmehr zeigt sich im Kreisgang eine Suchbewegung, die sich in konzentrischen Verläufen beständig einholt und damit auch das, was »Kunst« heißt, in jedem Augenblick neu kalibriert.

Doch kann dies nur gelingen, wenn die Praktiken des Ästhetischen im Sinne Hannah Arendts nicht als *Know-How* verstanden werden, die zu technischen Operativitäten destillierbar wären, sondern selbst noch einer »Kunst des Handelns« folgen, welche Denken, Sprechen und Machen zueinander in eine angemessene Verhältnismäßigkeit setzt. Dass die Kunst oder vielmehr das Ästhetische und seine Praxis auf diese Weise selbst wieder mit einer anderen »Kunst«, der Kunst des Praktischen, beschrieben wird, weist darauf hin, dass die Ästhetik wie die Künste ohne Bezug auf das Ästhetische und das Künstlerische gar nicht geklärt werden können, dass es sich also um einen Bereich handelt, der mit Hans Blumenberg die Funktion einer »absoluten Metapher« erfüllt.

8. Die forschenden Praktiken des Ästhetischen bilden einen anhaltenden Prozess, in dem sich Handlung und Reflexion unaufhörlich überkreuzen.

Die Art der Praxis, die auf diese Weise Denken, Sprechen und Machen ineinander verschränkt, erfüllt sich vorrangig in Versuchen, Proben und Übungen, die immer wieder neu ansetzen und dabei andere Denkräume und Handlungsmöglichkeiten aufschließen. Diese Art der Praxis lässt sich als eine Form der Askese umreißen, die weniger eine Strenge adressiert, auch wenn sie mit Disziplin durchsetzt ist, als sie vielmehr die sorgfältige Verfertigung oder Bearbeitung von Aufgaben meint, die in »kunstvoller« Gestaltung zum Ausdruck kommt. Sie setzt Konzentration und Selbstschulung voraus. Zwar ist praktisches Wissen erforderlich, doch verlangt die in den Blick genommene ästhetische Theorie als Askese mehr: Ihre übende Praxis entspricht dem *Exagium* (dem Abwägen und Erwägen) des Essays, zu dem ein beständiges Neuanfangen wie auch der Kreisgang im Sinne eines fortlaufenden Aufzeigens oder Demonstrierens gehört, das im Einzelfall beispielgebend agiert, aber nirgends abgeschlossen werden kann. Die Findungen Ästhetischer Forschungen münden deswegen auch nicht in Aussagen, sondern in vorläufige Setzungen.

Unmöglich lassen sie sich in Behauptungen oder Theoreme gießen. Vielmehr kann das Ästhetische sein immanentes Potenzial nur entfalten, wenn es weder als Zweck, der seine Mittel heiligt, noch als nachträgliche Anwendung einer im Vorfeld antizipierten Zielsetzung verstanden wird, sondern sich für das Unberechenbare oder »Un-Rechenbare« freisetzt. Jede »Theorie-Praxis« und »Praxis-Theorie« muss darum an Ort und Stelle eigens erst entwickelt werden. Es gibt sie nur einzig und einmalig. Insofern bedeutet Forschung im Ästhetischen immer eine Spontaneität. Sie bleibt partikular: Situiert und terminiert, orientiert sie sich am »Fall«, an den konkreten Objekten, mit denen sie zu tun hat, an den Kontexten, in die sie eingreift. Das Charakteristikum ästhetischer Episteme ist diese Bezogenheit des Wissens, seine Jeweiligkeit und Singularität. Dazu erscheint es notwendig, sich auf einen Sinn des Theoretischen zu besinnen, in dem sich nicht nur Sicht und Einsicht zu einem festen Knoten verweben, sondern der Entstehungsort des Denkens mitgedacht bleibt. Nicht nur gehören von Anfang an das Ästhetische und das Singuläre, sondern auch das Ereignis und die Materialität seiner Situiertheit zusammen und offenbaren so die eigentliche ästhetische Dimension des Denkens.

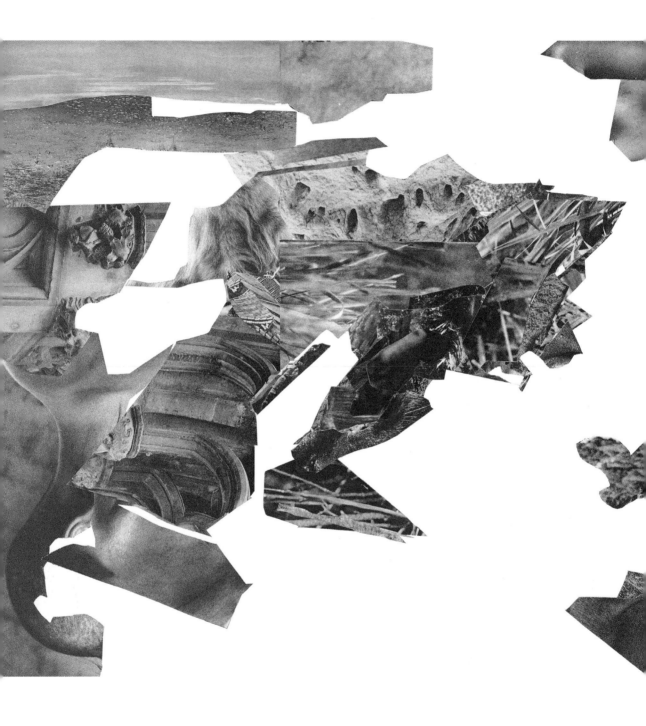

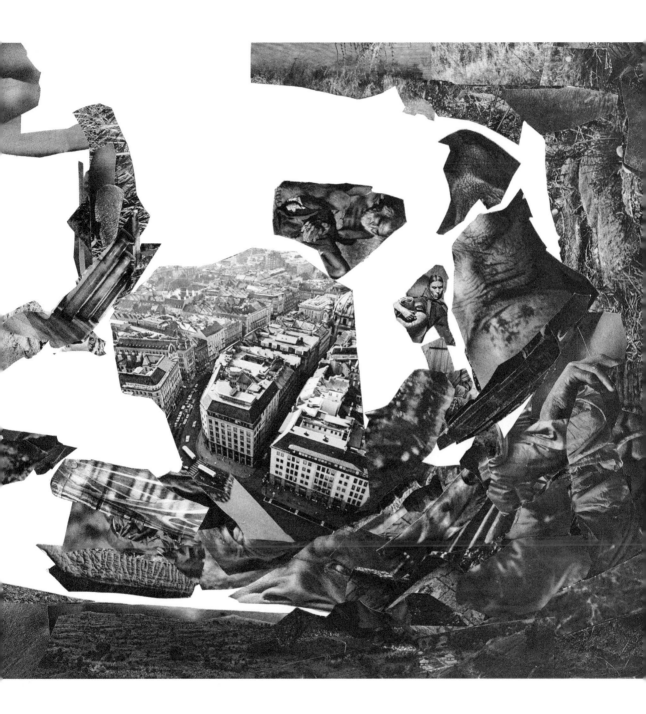

Praktiken ästhetischen Denkens

Wenn es darum geht, die überlieferten Oppositionen zwischen Theorie und Praxis neu zu konfigurieren, können grundsätzlich zwei Typen von Verschränkungen in den Blick kommen: Der eine wäre die »Praxis-Theorie« ästhetischer Manifestationen, die durch ihre besonderen Verbindungen neue Denk- und Bezugsräume eröffnen und damit ein eigenes, nicht-diskursives Wissen in Gestalt einer fruchtbaren Konstellierung von Stoffen, Objekten, Handlungen, Entwürfen oder Bildern und Sounds hervorbringen. Sie bilden jene »Ding-Sprachen«, von denen Walter Benjamin gehandelt hat, die als Sprachen des Singulären von diskursiven Redeweisen unterschieden werden müssen. Sie denken multimodal, kompositorisch und in vielen Medien gleichzeitig. Ihre Eigenart besteht darin, sowohl den spezifischen Umgang mit Gestaltungen, Gesten und Ereignissen als auch ihre besonderen Mittel, Medien und Techniken einer Wahrnehmbarmachung zugänglich werden zu lassen. Jedes Bild denkt in seiner »Farbhaut« über das Verhältnis von Oberfläche und Umgebung nach, ohne dass ihm der »Begriff« der Farbhaut eingeschrieben wäre; jede Figur referiert auf ihren Grund, in den sie gezeichnet erscheint, ohne dass der Grund *als Grund* eigens thematisch würde; und jede Performance denkt den Körper ihrer Aufführung mit, ohne dass sie über eine Bestimmung der Körperlichkeit des Körpers verfügte. *Sie weisen sie auf.* Deswegen ist der Modus ihrer ästhetischen Manifestation das *Zeigen*, das sich beständig mitzeigt. Es lässt erscheinen, wie es gleichzeitig das Erscheinen erscheinen lässt. Die ästhetische Manifestation verfährt daher in ihrem Grund phänomenologisch.

Ästhetische Praktiken entwerfen nichtwissenschaftliche Epistemologien, indem sie ihre Erkenntnisform nicht aus Synthesen beziehen, sondern aus den sinnlichen Bezügen nichtprädikativer Konjunktionen, worin sich ihre Einsichten allererst fügen. Im Ästhetischen funktionieren Konjunktionen – »und«, »oder«, »so … wie« oder »sowohl … als auch« und »weder … noch« etc. – in erster Linie disjunktiv: Sie offenbaren Trennungen, bevor sie Verbindungen stiften, oder genauer: Was sie verbinden, enthüllen sie in ihrer jeweiligen

Disparität. Kompositionen sind – wörtlich – »Zusammen-Stellungen«, Montagen oder »Fugen« ohne explizite Regeln, die nicht auf Identitäten abzielen, sondern die Inkompatibilität der Elemente, ihre buchstäblichen »Unfugen« mitpräsentieren. Deshalb sprach Adorno von der Kunst als einer »urteilslosen Synthesis«, die bestenfalls »sprachähnlich« sei, aber denjenigen, der sie »als Sprache wörtlich« nehme, chronisch in die Irre führe. Urteilslos ist sie asynthetisch: Nie wird aus der Farbhaut eine Haut; nie aus einer Metaphorisierung ein Aussagesatz; nie aus einem Display ein Spiel.

9. Die »Praxis-Theorie« ästhetischer Forschung beruht auf Differenzpraktiken, nicht auf Logiken der Identität.

Der Maßstab des ästhetischen Denkens ist folglich nicht die Vergewisserung einer Wahrheit oder Richtigkeit, sondern allein die Evidenz eines Augenblicks. Solche Evidenzen sind in gewisser Weise unangreifbar, denn entweder sehen wir etwas (ein) oder wir bleiben stumm. Es gibt aus diesem Grund auch keine Summe, die durch die Evidenzen ästhetischer Praxis erwirkt werden könnte, vielmehr bildet das Scheitern ihr intrinsisches epistemisches Potenzial, eingelassen in die Erfahrung eines chronisch unabschließbaren Findungsprozesses. Anders gewendet: Die ästhetische Evidenz ist das Resultat einer Praxis, die beständig neu anfängt, umkehrt, sich verhakt, um erneut zu beginnen und dabei im Prozess ihre Theorie selbst zu evozieren.

In einem zweiten Typus geht es neben den »Praxis-Theorien« um die »Theorie-Praktiken« des Diskurses selber, die vom ästhetischen Denken nicht nur adaptiert, enteignet, umgewendet und konterkariert, sondern zugleich in ihrer Ästhetizität ausgestellt und damit in ihrem Schein, in ihrer genuinen Unerfüllbarkeit entlarvt werden. Jeder Diskurs wird so zu etwas anderem, als er je war: kein Argument, das sich im Urteil, im Beweis oder in der Widerlegung erfüllt, sondern in dem gleichzeitig eine Überschreitung am Werk war, weil das, was überhaupt sagbar ist, allein in ästhetischer Manier gesagt werden kann. Tatsächlich kommt das Ästhetische aller Diskursivität zuvor. Wenn die Philosophie die Magd der Theologie ist, dann komme es darauf an, wie Kant polemisch formulierte, ob die Magd mit der Fackel vorangehe oder die Schleppe hinterhertrage. Dasselbe gilt für das Verhältnis von Ästhetik und Theorie. Wenn man akzeptiert, dass das Ästhetische je schon ein Denken austrägt, das die Sprache im Sinne des Rhetorischen von Anfang an mitgeprägt hat und das auf diese Weise die klassischen Wissensformate bereits an ihrem Grund formatiert, dann können die Wissenschaften, zumal die Technosciences, die heute die Universitäten und Förderinstitutionen dominieren, nicht länger glauben, vorbildhaft zu sein. Eher bildet das Ästhetische das erste Kriterium eines Denkens, das sich, in allen Wissenschaften, auf der Basis der Sprache oder auch der Modelle und ihrer Medien, der Versuchsanordnungen und Visualisierungen schon gemeldet haben muss.

Für die Forschung, wie immer sie sich versteht, ergibt sich daraus ein reiches Repertoire an Interventionsmöglichkeiten, neuen Ausdrucksformen, Schreibszenen oder Improvisationen samt deren »Missbrauch«, wie ihn nicht nur die Essayistik betreibt, sondern auch alle anderen Kunstformen des Fragments, der Sentenz oder Aphoristik und Rhapsodik, worin ästhetisches und diskursives Denken in eine buchstäbliche »Aus-ein-ander-Setzung« treten, um beide performativ miteinander zu verschränken. Ästhetische »Theorie-Praktiken« dienen mithin einer Form des Denkens, das nicht im Sinne eines externen Regiments über seine Materialien verfügt, sondern *von ihnen her* und *in* und *aus* ihnen denkt. Adorno hatte solche Praktiken in einer berühmten Formulierung als »methodisch unmethodisch« bezeichnet, soweit sie weder einer Linearisierung folgen noch ein Kontinuum von Operationen bilden, sondern sich einer »Kom-Position« von Momenten verdanken.

10. Ästhetische Forschung bezeichnet eine Praxis des Denkens eigenen Rechts. Sie ist ›älter‹ als die Praxis der Wissenschaften.

Kein Zweifel: Die Künstlerische Forschung bildet vor allem eine eigene und unverwechselbare Weise des Denkens. Es wurzelt in Praktiken, deren Zentrum das darstellt, was man analog zum Hegelschen Diktum von der »Anstrengung des Begriffs« als eine »Anstrengung im Ästhetischen« bezeichnen könnte. Diese Anstrengung ist eine Arbeit *an* der Wahrnehmung *in* Wahrnehmungen und formuliert das spezifische Programm Ästhetischer Forschung aus. Wenn also hier zwischen dem Künstlerischen und dem Ästhetischen differenziert wird, dann um Letzterem die umfangreichere Extension zuzusprechen, auch wenn sich beide wechselseitig einschließen. Künstlerische Forschung setzt eine ästhetische voraus. Diese beschreibt eine Erkenntnishaltung, die ihr Wissen mittels einer Aisthetik ausdrückt und dabei im Besonderen die Schwierigkeit auf sich nimmt, sich ausschließlich mittels Anschauungen »einsehbar« zu machen. Auch das ist mit Theorie als »Praxis-Theorie« und gleichzeitiger »Theorie-Praxis« des Ästhetischen gemeint: ein Riss in der gespannten Banderole vor einer Baustelle, eine Gitterskulptur im Raum, subtile Erosionsspuren als Schatten der Zeit, ein unbotmäßiger Ton, der eine Reihe stört, eine Obszönität, die das »ob-scene«, das Außen in die Mitte stellt. Sie verstören, sind unbequem, weil sie ihre einfache Einordnung verweigern und chronisch mehrdeutig bleiben und gerade dadurch die Nichtschließbarkeit der Theorie demonstrieren. Ohne ein Fundament außer der Wahrnehmung zu haben, fügen sie sich so wenig einer plausiblen Erklärung wie einer Begründung. Das lässt sich auch so ausdrücken: Die Ästhetik und ihre Übungen laborieren im Unendlichen, ohne Finale oder Abschluss – in einer Permanenz des Werdens, das von den Ambiguitäten der Wahrnehmungen unablösbar bleibt.

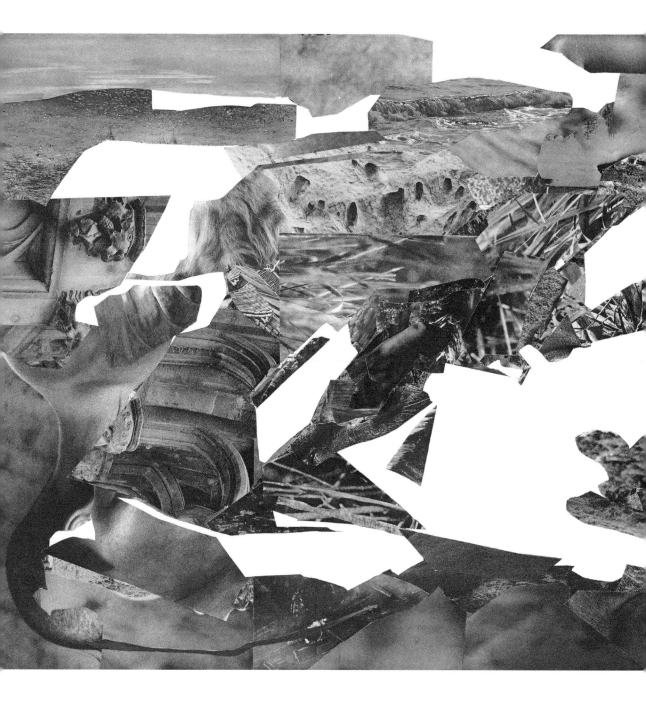

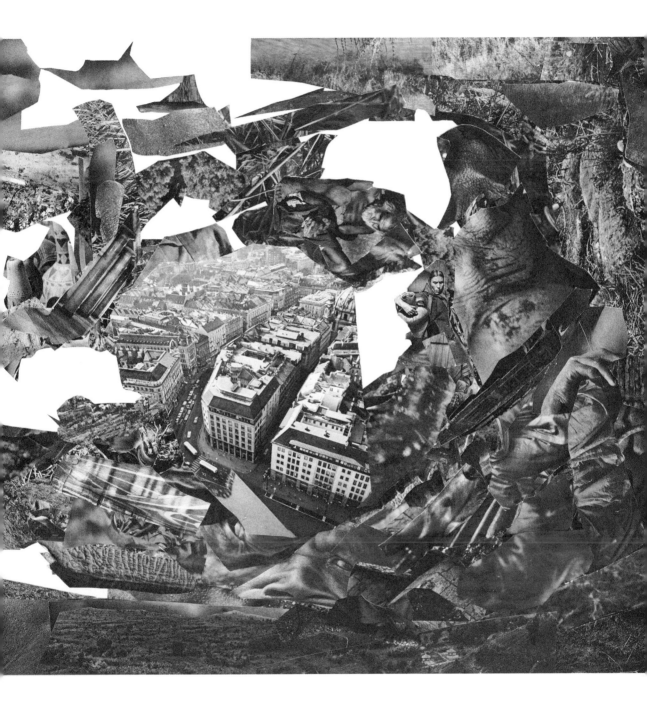

Ästhetisches Tun

Das linguistische Korrelat solcher Praxis markiert entsprechend das Verbum. Verben bezeichnen sowohl aktive als auch passive Handlungen. Sie sind ebenso durch Intentionalität wie Nichtintentionalität gekennzeichnet. Sie besitzen transitive und intransitive Eigenschaften, weisen gleichzeitig auf Raum, Zeit, Akteure und Kontexte. »Der Anblick einer Nuss macht mich rund«, heißt es bei Gaston Bachelard: Nichts kann die Unstimmigkeit und Unbestimmtheit, die Plastizität und Präzision des darin angezeigten Richtungswechsels aufhalten. Handlungen, wie Verben, gibt es nur im Zusammenhang mit Performativa, die ihre praktischen Modalitäten definieren. Diese lassen sich wiederum sprachlich, wenn auch unzureichend, durch Präpositionen ausdrücken, die in der Hauptsache lokale oder temporale Vektoren signifizieren. Im hohen Maße situativ wie okkasionell gebunden, »repräsentieren« Verben darum keine eindeutig identifizierbaren Akte, vielmehr verorten sie sich in einem Netz von Virtualitäten, das erst sekundär preisgibt, was eine Handlung gewesen sein wird: »rund machen«.

Schützen sich wissenschaftliche Forschungen vor den Gegenfinalitäten und nichtkontrollierbaren Kollateraleffekten des Verbums, so nutzen die ästhetischen sie gerade aus, um diese sukzessive noch zu steigern und gegen die Gewissheiten des vermeintlich objektiven Wissens zu kehren. Indem sie die präpositionalen Potenzen vervielfältigen, vermehren sie gleichzeitig die Richtungen und Möglichkeiten. Tatsächlich haben die klassischen Wissenschaften über Jahrhunderte Metadisziplinen wie die Wissenschaftsphilosophie oder die Wissenschaftsgeschichte und -soziologie ausgebildet, um ihr öffentliches Tun ebenso einzuschnüren und zu normieren wie skeptisch zu beäugen und die erworbenen Kenntnisse zu überprüfen und zu kontrollieren. Nicht nur wäre sie nachzuahmen fatal, sondern die Kunst bedarf keines irgendwie gearteten Metaregimes. Denn Forschungen im Ästhetischen agieren jenseits der Ontologien des ausgezeichneten Verbs »sein« auf einem filigranen Feld alternativer Entscheidungen, die erlauben, in Heuristiken zu denken, unterwegs abzubiegen, ungewissen Spuren nachzugehen oder vagen Intuitionen zu folgen, um zuletzt auf die

Einzigartigkeit von Phänomenen zu stoßen, die zu Anfang weder erahnbar waren noch sich reproduzieren lassen. Forschung als »ästhetische Findung« leitet sich daher – abermals im Wortsinne – von »Er-Fahrungen« ab, die auf ihre Horizonte immer wieder neu zugehen und dabei abseitige Entdeckungen machen, die das instituierte Wissenschaftswissen gerade destabilisieren, weil sie allenfalls zu verstehen geben, aber nichts beweisen.

Der Ausdruck *ex-per-iens* bildet dies präzise ab: mit dem Präfix *ex-* kommt etwas »heraus«, was im Sinne eines medialen Exzesses »durch« (*per*) etwas anderes hindurchgegangen ist. Das künstlerische *Experimentum* unterscheidet sich darin radikal vom wissenschaftlichen, dass es das *experiens* stets neu und anders vollzieht, ohne es vorzuspuren oder abzuschließen. Resultate sind eher Abbrüche, Beruhigungen einer anhaltenden Bewegung, worin sich eine Erkenntnis sedimentiert, die sich zwar zeigt, aber darum nicht auch weiß, was sie im Sinne ihrer Aussagbarkeit »ist«. Sie vermag sich nur mit dem ganzen Risiko ihrer Vorläufigkeit auszusetzen.

11. Die Praxis Künstlerischer Forschung bezieht ihre Energie aus dem Widerstreit.

Als Beispiele für solche Forschungspraktiken können Gegensätzlichkeiten oder Unvereinbarkeiten oder Spannungen dienen, die zwischen Dingen, Handlungen, Texturen, Stoffen oder Bildern und Klängen und der Weise ihrer jeweiligen »Zusammen-Stellung« (*com-positio*) im Sinnlichen manifest werden. Jenseits ihrer Vermessung durch quantifizierende Methoden oder ihrer begrifflichen Bestimmung brechen sie aus den jeweiligen Widersprüchen und Unstimmigkeiten heraus, sind als Sprünge schon Gedanken, ohne sich als solche artikulieren zu müssen oder einer »De-Finition«, einer Zu-Ende-Erklärung zu bedürfen. Deswegen ist hier so oft vom »Zeigen« die Rede: Es bedeutet jene Art des Aufweisens oder Vorführens, die keine sprachliche Beglaubigung benötigt.

Wenn in diesem Sinne Künstlerinnen und Künstler Versuchsanleitungen *ad absurdum* führen und monströse, aber zwecklose Maschinen bauen (Jean Tinguely), »unsichtbare« Denkmäler des Grauens unter Pflastersteinen als Orte einer zugleich anwesenden wie abwesenden Erinnerung platzieren (Jochen Gerz), wenn sie angesichts der faktischen Möglichkeiten eines Bioengineering die Skulptur ausufern lassen und ihre Materialität in wucherndes, formloses Fleisch verwandeln (John Isaacs) oder das Grauen von Facial-Recognition-Programmen entdecken (Ed Atkins), wenn sie zudem künstlerische Arbeiten ob ihrer medienkünstlerischen Plakativität durch eine Lecture-Performance einer kritischen Reflexion unterziehen (Martha Rosler) und dabei gleichzeitig auch das ästhetische Kapital der Institution Museum befragen (Hito Steyerl), dann nutzen sie paradoxe oder konträre Konfigurationen, die kraft ihres immanenten Widerstreits etwas erhellen, was anders nicht zur Geltung gebracht werden kann.

Ästhetische Forschung wie auch das spezifische Wissen im Ästhetischen besitzen darin ihre Außerordentlichkeit, ihren Eigensinn und ihre Legitimität. Sie müssen sich der Rationalität wie auch der diskursiven Logik versperren, weil diese nicht anders können, als Gegensätzliches zu exkludieren und aus dem Raum ihrer Erkenntnisarbeit zu verbannen. Die Chancen und die Irreduzibilität der Forschung der Künste beruhen darauf: Sie münden nicht in die Aufdeckung quantifizierbarer Einheiten oder eines allgemeinen Gesetzes, so wenig wie sie Rätsel zu lösen vorgeben oder verborgene Ursachen aufdecken, sondern sie zehren von der Freilegung versiegter Quellen und anderer Sichtweisen, die in den Zwischenräumen widerspenstiger Phänomene nisten. Sie erweisen sich insofern als erkenntnisaffin, als sie die Unvollständigkeit und Unabschließbarkeit begrifflicher Dispositive und Theorien in Form von Singularitäten herausstellen. Ihre Erkenntnisform ist nicht nur das Offenlegen von Heterogenitäten, sondern auch das der Grenzen des Erkennens und seiner konventionellen Schemata selbst. Entsprechend sucht solche Forschung gerade jene ästhetischen Momente auf, die jede Form von Totalisierung als unzureichend oder inkonsistent demonstrieren.

Nicht von ungefähr spricht Roland Barthes, der immer in allen ästhetischen Feldern gedacht hat (Literatur, Theater, Fotografie, Design, Film, Kunst, Werbung), vom Ästhetischen als der »unmöglichen Wissenschaft vom einzigartigen Wesen«.

Ihm folgt auch unsere Behauptung: Es sind nicht die Wissenschaften, die durch ihre Forschungen an die Ränder des Sinns stoßen, sondern es ist vorzugsweise das ästhetische Denken in seiner besonderen Forschungspraxis, das sie produktiv werden lässt. Wer in den Wissenschaften Fortschritte erzielt, in der Ästhetik aber Rückschritte, erzielt mehr Rückschritte als Fortschritte.

12. Die ästhetische Forschung »ist« der Gedanke wie Denken im Ästhetischen genuin »als Forschung« geschieht.

»Forschung im Ästhetischen«, »ästhetisches Denken« und die »Praktiken der Theoria« bilden Synonyme. Sie offenbaren sich gerade nicht in der Formulierung universeller Ideen oder großflächiger Begriffsarchitekturen, die ganze Epochen bündeln und Generationen von Forschenden beschäftigen (wie Relativitätstheorie, Risikogesellschaft oder Dekonstruktion). Vielmehr ereignen sie sich inmitten von Installationen und Aktionsräumen als praktische Konversionen, ausgelöst durch Reibungen, Dissonanzen oder chiastische Verstrickungen und deren unauflösbare Oppositionen, mithin durch das, was sich als unzusammenhängend erweist, was nicht aufgeht, woran der Blick hängen bleibt und wo der Sinn eines Ereignisses sich nicht lokalisieren lässt.

Dies geschieht nicht abhängig davon, was die jeweiligen Künstlerinnen und Künstler oder Gestalterinnen und Gestalter denken, um ihre Gedanken nachträglich in Forschungsdesiderate umzuformen, sowenig wie es ausreicht, ihnen beim Denken oder Tun zuzuschauen. Vielmehr kommt es darauf an, die Konkretheit der Praktiken selbst in Augenschein zu nehmen: als dasjenige, was im Vollzug geschieht, was ihre performative Formatierung im Augenblick der Aussetzung, der Stillstellung oder Dissoziation bewirkt. Allenfalls deutet sich die Besonderheit solcher Praktiken in Gesprächen oder Werkpräsentationen an, und zwar vor allem dort, wo der Modus der Erklärung unvereinbar wird mit dem, was sich zeigt oder ereignet, wo die Rede ins Stocken gerät oder nach Worten sucht für etwas, das Roland Barthes zu Recht auch für die Hoheit der Poesie hält: ihr Vermögen, »beinahe etwas zu sagen«. Meist bedarf es zur Beschreibung dieses Vermögens der Metaphern, ohne dass diese bereits ihren Sinn versprächen: Bestenfalls erweisen sie sich als Poren auf den »unbewussten Oberflächen« des ästhetischen Denkens. Der Surrealismus versuchte sie zum Programm zu machen, aber ihre Energie geht weit darüber hinaus: Letztlich bilden sie Modi einer Sinnverweigerung, des »Streiks« (Benjamin), weil sie keinen Zweck erfüllen, sondern *sich* als Mittel ausschließlich *medial* mitteilen. Forschungen im Ästhetischen verlaufen damit nicht über die Positivität von Analysen, Inferenzen oder Resultaten, sondern vielmehr über Unentscheidbarkeiten, das Nichtdarstellbare oder Unzugängliche, welche im Gewebe der Phänomene und ihrer Relationen ihr ›Unwesen‹ treiben.

Dabei kann grundsätzlich jede Praxis in eine ästhetische umgemünzt werden, wie umgekehrt jede Institution und jedes gesellschaftliche oder ökonomische Setting zum Gegenstand ästhetischer Forschung werden kann. Einzig stichhaltig ist, *wie* sie geschieht, *worauf* sie setzt, *was* sie zur Erscheinung bringt und *wie und auf welche Weise* sie sich dabei selbst thematisiert. Auch beanspruchen die Forschungen im Ästhetischen keinen exklusiven Ort, vielmehr eignet sich jede Stätte, jedes Material und jedes soziale Feld zu ihrer und seiner Befragung. Ausschlaggebend ist so allein die Radikalität des Einsatzes der Künstlerischen Forschung, die Unbedingtheit, mit der sie Tabus und Schranken berührt und überschreitet, sowie die Konsequenz und Unnachgiebigkeit, mit der sie ihrem Anliegen, ihrer Medialität, ihrem praktischen Rigor, aber auch ihrer Unzulänglichkeit Nachdruck verleiht.

Jede ästhetische oder Künstlerische Forschung verfährt »zetetisch« (im Sinne der pyrrhonischen Skepsis), d. h. als eine anhaltende Selbstbeobachtung. Sie setzt den zweiten Blick auf, exponiert sich vor dem Abgrund ihrer haltlosen Subjektivismen, ihres körperlichen Einsatzes wie auch der Einseitigkeit ihrer Expositionen und der sie begleitenden Diskurse oder verwendeten Dispositive. Ästhetische Forschungen nehmen in diesem Sinn eine Aufhebung bestehender Rahmungen vor, wie sie diese gleichermaßen wieder rahmen, um sie erneut aufzubrechen. Sie verhandeln Einschlüsse wie Ausschlüsse, um sehen zu lassen, *wie* diese ins Licht stellen oder ins Dunkel des »hors-champs« verbannen. Sie sind, mit einem Wort, perennierender Selbstzweifel, sodass die ästhetischen Untersuchungen immer auch das Ästhetische und seine Praktiken selbst tangieren, wie die künstlerischen Reflexionen die Kunst und ihre zeitbedingten Definitionen und Selbstbeschreibungen betreffen.

Kunst fängt daher mit jeder Arbeit beständig wieder neu an. Sie hat sozusagen keinen festgelegten Anfang, sondern verschiebt vielmehr mit jedem Anfangen ihre eigene Situierung, ihre Position und ihren Ausgangspunkt und konstelliert auf diese Weise ihr Feld neu. In jedem Moment steht sie auf dem Spiel: sowohl in dem, *was* sie ist, als auch in dem, *wie* sie ist.

13. **Die Praktiken ästhetischen Denkens sind weder algorithmisier- noch programmierbar. Mit dem Dispositiv der Digitalisierung konturieren sich die Eigenschaften ästhetischer Praxis neu. In digitalen Technologien ästhetisch zu agieren, wird die Herausforderung der Zukunft sein.**

Algorithmen und Programme folgen den Gesetzen von Wiederholung und Identität. Sie sind in Mathematiken fundiert, die das *principium contradictionis*, den Grundsatz des zu vermeidenden Widerspruchs, voraussetzen. In der sukzessiven Ausführung ihrer Programmschritte *rekurrieren* sie auf ihre jeweiligen Vorgänger, aber sie *reflektieren* nicht auf ihre eigenen Begrenzungen, Bedingungen und Materialitäten. Vermögen sie das Ungeregelte nur in Form von Zufällen oder statistischen Variationen zu integrieren, so erweisen sie sich als unvermögend, ihre eigenen mathematischen Grundlagen zu überschreiten. Kunst indes ist eine Form der *Exzedenz*, der Überschreitung und Übertreibung im wörtlichen Sinn eines Hinaustreibens ins Nicht-Entscheidbare, der Besetzung von Heterotopien als Orten von Unmöglichkeiten. Dagegen besteht das Virtuelle allein aus möglichen Welten – möglich im Rahmen ihrer konsistenten Modellierung, die der Mathematik als Existenzindex genügt. Unberechenbare Singularitätspunkte lassen sich gleichwohl approximativ berechnen, wohingegen »ästhetische Unrechenbarkeiten« das Prinzip der

Zahl selbst sprengen und sich damit außerhalb der Turingmaschine bewegen.

Die Gewissenhaftigkeit künstlerischer Arbeiten, ihre Unerbittlichkeit und Kompromisslosigkeit sind von dieser Art: Sie erschöpfen sich nicht im Operativen, sondern lassen, wie Rilke es ausgedrückt hat, die »vielstellige Rechnung zahlenlos aufgehen«. Ihr Exzess impliziert, dass sich das künstlerische Denken im Unterschied zum Algorithmus nicht zu schließen vermag. Es fängt sich nicht in einen Kreis ein. Führt die Zirkularität im Mathematischen entweder in eine Paradoxie oder in die Notwendigkeit einer Stufenhierarchie, so birgt der Überschuss oder die Übertreibung von Kunst eine »Öffnung«. Und von dieser Öffnung kann nicht mehr gesagt werden, als dass sie »nicht durch eine Begründung der Übertreibung erfolgen kann« (Düttmann) – denn das sich selbst überholende Denken duldet weder eine Ableitung noch ein Metavokabular.

Das bedeutet aber, dass die ästhetische Praxis durch das Digitale und seine Maschinen auf besondere Weise zugleich herausgefordert und befördert wird. Denn im Verschwinden des Analogen wie in der technisch-mathematischen Transformation von Wahrnehmungen, Handlungen oder Fertigkeiten liegt umgekehrt die Chance einer Restitution des Ästhetischen. Sie kann jedoch nicht mit dem vermeintlich Verlorenen, dem Analogen, als Restkategorie identifiziert werden, weil die Evokation des Anderen, Heteronomen selbst noch durch das Digitale und seine Technologien sozialisiert ist. Vielmehr sind die Erfahrungen, die die ästhetischen Praktiken heute anleiten, digital erzogen, was zugleich heißt, dass Digitalität und Ästhetik auf antagonistische Weise unauflöslich ineinander verwickelt sind, ja interferieren.

Das Digitale als Ordnung des Diskreten, das Entscheidbarkeit und Berechenbarkeit allererst ermöglicht, zieht jedoch die Welt neuerlich ins Ungreifbare und damit auch in eine Unbegreiflichkeit. Seine Hegemonie beruht auf der Bündelung von Komplexitäten, die Eindeutigkeit auch dort fordert, wo Uneindeutigkeiten wirksam werden: beim Indifferenten, beim Tasten im Dunkeln, bei Affekten oder Gefühlen, bei der Fürsorge und den sozialen Beziehungen. Wahrnehmung wird so zur *Recognition* oder Fürsorge durch *Social Media* ersetzt. Doch lassen sich konstitutive Unschärfen durch digitale

53

Skalierungen nicht scharf stellen, denn im Digitalen meint »0«
auch dann »0«, wenn mehr ist als nur nichts – so wie »1« auch
dann »1« heißt, wenn weniger als etwas existiert. Ästhetische
Praktiken ermessen demgegenüber das Ungenaue, handeln
im Ungefähren, das sich nicht als Dezimalzahl zwischen »0«
und »1« notieren lässt, denn das Unscharfe kann weder mit
»0,5« noch mit »0,333…« oder einer anderen, womöglich tran-
szendent irrationalen Zahl beziffert werden. Genauso wenig
greift eine *Fuzzy Logic*, um das Unberechenbare dennoch be-
rechenbar zu machen. Vielmehr beruht das Ästhetische auf
jenem Ermessen, das in keinem Vermessen verrechnet werden kann. Kunst ist daher weder das, was sich mit binären
Operatoren erobern lässt, noch das, was »zwischen« den Bi-
narismen liegt, als Restkategorie, sondern sie ist eine Praxis,
die einen Wechsel im Terrain erfordert.

Sollte in Zukunft die messbare Seite der Welt durch digi-
tales Handeln vollständig erschließbar geworden sein, so
folgt daraus noch nicht, dass das Nichtmessbare der Irrele-
vanz verfällt oder die unvermessbare Seite der Wirklichkeit
als Schwundstufe der Digitalisierung geopfert wird. Das kann
schon deshalb nicht sein, weil die technologischen Marke-
ting-Regimes selbst noch das Ästhetische und unsere aisthe-
tischen Verbindungen zur Welt ausbeuten, um zwischen
uns und ihnen zu vermitteln. In den digitalen Technologien
ästhetisch zu handeln und mit ihnen zu interferieren, wird
darum ebenso sehr die Herausforderung sein, wie die Kunst
umgekehrt die digitalen Technologien herausfordern muss,
um die darin eingelagerten Vorurteile und Engführungen zu
entblößen. Forschungen im Ästhetischen sind genau da viel-
versprechend, wo sie solche Herausforderungen vervielfältigen und das Digitale auf immer neue Weise provozieren.
Entsprechend erweisen sich ihre Aktivitäten dort als macht-
voll, wo sie gegenüber dem Geschäft und der Geschäftigkeit
des Messens eine Resistenz setzt, um gegenüber diesen dem
Nicht-Bestimmbaren und der Indifferenz (oder im Sinne von
Emmanuel Lévinas: der »In-Indifferenz«) einen anderen Vorrang und eine andere Angemessenheit zu verleihen.

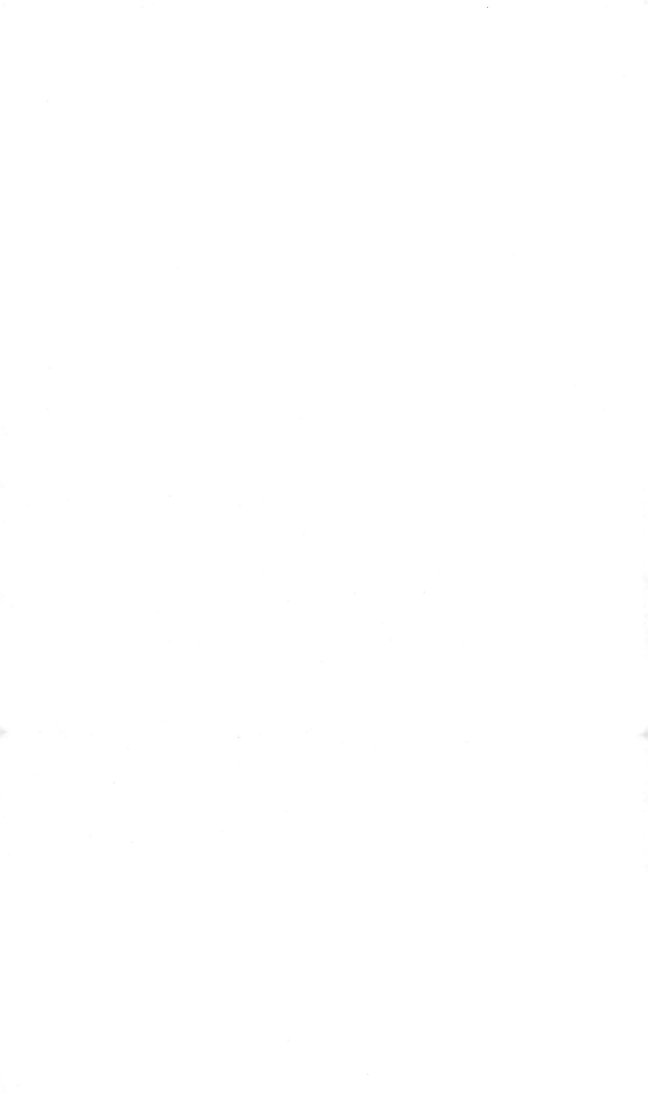

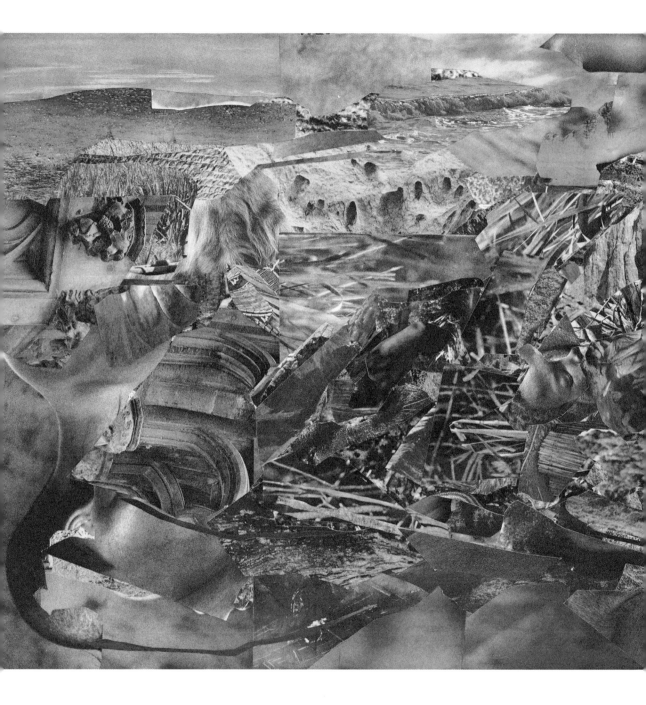

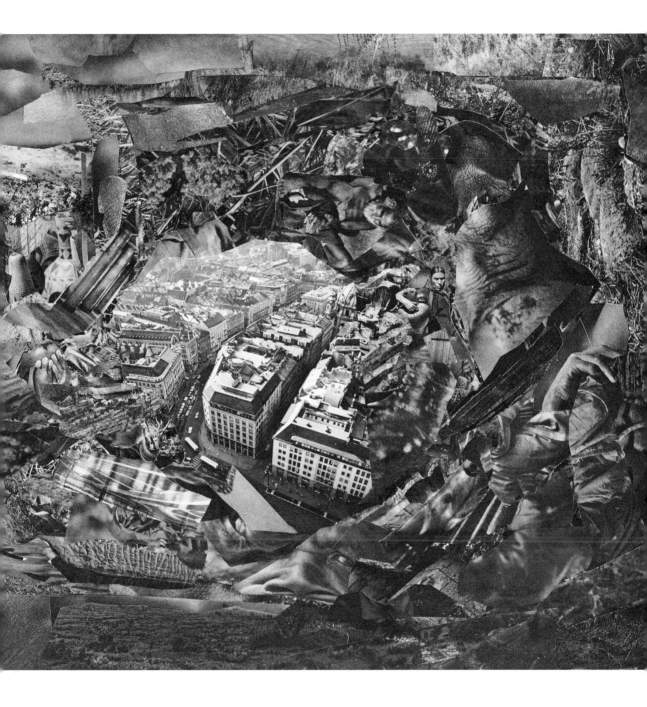

Für eine Intellektualität
des Ästhetischen

Unbestreitbar hat heute die Kunst den Charakter eines »Systems« angenommen. Etiketten wie »Künstlerische Forschung«, »practice based research« u. Ä. reproduzieren dieses System im Modus seiner immanenten Professionalisierung. Indessen scheint es unpopulär, eine historische Zäsur zu benennen, nach der die Kunst ihre Rolle als »Statthalterin« (Adorno) einer anderen, ›besseren‹ Welt aufgegeben hat, um sich stattdessen als »Forschungsmaschine« zu gerieren, die alles Utopische abgestreift hat und nur mehr als »romantisch« diffamiert. Doch hängen Bedeutung und Selbstverständnis der künstlerischen Tätigkeit immer noch an ihrer Rolle als Kritikerin gesellschaftlicher Entwicklungen – wie die Vereinigung von Technologie und neoliberalem Kapitalismus. Solche Kritik macht auch nicht vor der »kritischen« Kunst Halt, deren Erfolg maßgeblich vom Zugang zu den engmaschigen, elitären und zutiefst undemokratischen Netzwerken abhängt, die das System organisieren. Während sich seit der New York-Ära längst die flexiblen künstlerischen Arbeitsweisen durchgesetzt haben, erweist sich das System Kunst mit seinem Motor, dem Kunstmarkt, entgegen allen kritischen Selbstinszenierungen mehr denn je als restriktiv und autoritär verfasst. Die Netzwerke, zu denen ebenso Galerien wie Kuratorinnen und Kuratoren beitragen und zu denen kaum mehr als 0,1 Prozent der weltweit agierenden Künstlerinnen und Künstler gehören, sind bis auf wenige Ausnahmen undurchlässig. Alle anderen verbleiben im Prekariat.

Die Konsequenzen sind bedenkenswert: Zum einen scheint das »System Kunst« mit seinen Institutionen wie Ausstellungen, Museen, Festivals, Kunstförderungen und Ausbildungsstätten weniger auf die Förderung der Künste gerichtet, als vielmehr auf Verfahren ihrer Selektion. Zum anderen bemessen sich die Kriterien dieser Selektion nicht nach inhärenten ästhetischen Kriterien. Denn zu fragen ist, ob das, was Kunst ausmacht, nicht so unspezifisch geworden ist, dass das Ästhetische ihr mitunter fremd gegenübersteht. Kaum mehr existiert eine verbindliche Auffassung des Künstlerischen, außer der, dass es eben keine mehr gibt. Offenbar hat die »Institutionentheorie« der Kunst restlos obsiegt: Kunst sei das, was als Kunst öffentlich gelte. Die kaum mehr zu überbietende Tautologie impliziert, dass nicht nur das System Kunst die Eingänge zu seinem heiligen Gral reguliert, sondern dass es gleichzeitig auch die totale Definitionsmacht darüber gewonnen hat, was Kunst von Nichtkunst oder »allem anderen«, wie Ad Reinhardt polemisch formulierte, scheidet.

Gleichwohl stellt sich vor dem Hintergrund dieser Entwicklung die Frage, von welchem Ort aus eine legitime kritische Intervention überhaupt noch möglich ist. Wir behaupten, dass nichts sich besser dazu eignet, auf die Kunst des Marktes und seine systemischen Statthalter einen kritischen Blick zu werfen, als eben jene ästhetischen Praktiken, deren sich die Kunst selbst bedient. Was oder wer ist besser zu deren Kritik gerüstet, als eben jenes ästhetische Denken, das ihr zugrunde liegt und das, wie dargelegt, sich notwendig auf sich selbst richtet, sich gegen sich kehrt und die Kunst selbst umwendet und über ihre eigenen Grenzen hinaustreibt? Es ist die besondere Intellektualität des Ästhetischen, die sich in der Fähigkeit manifestiert, sich zu übertreffen, über sich hinauszugehen, sich selbst zu überholen und gerade dadurch die Kunst immer wieder neu umzuwälzen. Wenn die Rede von der Freiheit der Kunst Sinn macht, dann nur deshalb, weil sich diese Intellektualität des Ästhetischen in ihr realisieren kann.

14. Ästhetisches Denken bedeutet eine anhaltende Praxis der Selbstkritik. Ihr Grund ist als solche »Freiheit«.

Der Rückgang auf die ästhetische Arbeitsweise der »Überschreitung« und nicht auf die Kunst als »System« oder eine Reihe von Objekten und Prozessen lässt sich entsprechend als Insistenz auf die intellektuellen Kapazitäten des Ästhetischen lesen. Das Ästhetische als Ort der Kritik arbeitet als reflexive Praxis, die die »Bedingungen der Akzeptabilität« (Michel Foucault) des Gegebenen und damit auch des »Kunstsystems« allererst erkennbar macht. Anders als die Künstlerische bildet die ästhetische Forschung darum auch keinen Motor zur Überproduktion künstlerischer Positionen innerhalb des Systems, keine Maschine des Wissens, sondern sie erfüllt sich in Modi zetetischer Selbsterforschung, die gleichzeitig das Moment der notwendigen Kritik am Zustand der Kunst birgt.

Das heißt ebenfalls, dass dieser Fokus auf die Intellektualität des Ästhetischen nicht identisch ist mit der Frage nach der Kunst oder dem Kunstwerk. Es geht nicht darum, welche Arten von Objekten oder Performanzen die Kunst heute definieren, welche Räume sie besetzt oder wer an ihr zu partizipieren vermag. Sondern es geht darum, wie Figuren oder Verfahren aussehen können, durch welche ästhetisches Denken jenseits der Frage nach dem Status der Kunst sein besonderes intellektuelles Potenzial entfaltet. Zur gleichen Zeit erlaubt der Rückgang auf kritische Praktiken deren Neubestimmung. Auch wenn sich das Verständnis ästhetischer Arbeitsweisen von jeher aus der Kunst und der Kunstkritik speiste, kann dies nicht genügen, weil die Kunstkritik selbst in den Netzwerken des Systems gefangen scheint. Vielmehr kommt man einem Kern ästhetischen Denkens erst dann näher, wenn man die Frage nach der Kunst und ihrem auktorialen Gestus wie die nach den jeweiligen Akteuren aussetzt, nämlich den Künstlerinnen und Künstlern und den Korrespondenzen zwischen ihnen und ihrem Publikum oder ihren professionellen Ausstellern und Auslegern. Man muss also die Formen ihrer Selbstmystifizierung durchbrechen, um das freizulegen, was ästhetische Forschung im Sinne ästhetischen Denkens sein kann: eine ununterbrochene Kette der Selbstkritik.

Bekanntlich hatte Kant in seiner *Kritik der Urteilskraft* das Ästhetische vom Logischen unterschieden und dem Logischen das verstandesmäßige Erkennen, dem Ästhetischen hingegen die »reflektierende Urteilskraft« wie überhaupt das Urteilen zugeordnet. Dadurch macht sich in gleicher Weise im Ästhetischen ein Denken sichtbar, das anders denkt als das diskursiv-theoretische Denken, dem das Urteil zur Aussage und die Aussage zur propositionalen Bestimmung wird. Kant hat es mit Bedacht mit einer Kraft zur Reflexion belehnt. Dass das ästhetische Urteilen jedoch ein Paradoxon darstellt, wurde seither betont: vor allem, weil es, so Kant weiter, zugleich das Subjekt wie die Gemeinschaft konstituiert und in der Art seines Urteilens nicht nur das Beurteilte, sondern auch die Praxis des Urteilens selber mit in Frage stellt. Aber solche Infragestellung in Gestalt konkreter »sinnlicher Formulierungen« verweist dann allem voran auf das reflexive und darin intellektuelle Vermögen ästhetischen Denkens, weshalb es lohnenswert erscheint, erneut an die oft zitierte Kantische Formulierung vom »freien Spiel der Erkenntniskräfte« zu erinnern. Es bescheinigt dem Prozess des Ästhetischen eine auf »Freiheit« beharrende Dynamik.

Freiheit ist immer unbedingt. Sie lässt sich weder einschnüren noch durch Definitionen binden, noch kennt sie einen Ursprung oder eine Norm, aus der sie hervorgeht. Sie erweist sich vielmehr als genauso anarchisch wie anomisch. Die auf Freiheit beharrende Intellektualität des Ästhetischen geht daher nicht einfach nur im Reflex auf, sich *von* etwas befreien zu wollen, sondern sie bedeutet ein Handeln, das beständig über die Gegebenheiten hinausgeht – ein Freisein *zu*, das in Übertreibung und Selbstüberholung besteht. Ästhetisches Denken ist aus diesem Grund intellektuell, weil es zugleich die Potenziale einschließt, Unterscheidungen im Praktischen, im Material und seinen Gestalten zu treffen und diese auf singuläre Art erfahrbar zu machen. In Opposition zur kausalen Verifikation, zum Ableiten oder Verallgemeinern verhält es sich seinen Gegenständen gegenüber tastend und berührend. Es gewährt und wägt ab, nicht um sie zu überfallen und auf sie zuzugreifen, sondern um sie anzuerkennen, zuzulassen und damit zur Erscheinung zu bringen, was an ihnen unvergleichbar, verletzlich und auch durch Kunst unabgegolten bleibt.

Man kann folglich auch nicht festlegen, was das ästhetische Denken ist oder was »Forschung im Ästhetischen« heißt und welche Symptome sie hat. Sie bleibt prekär. Man kann nur von Fall zu Fall entscheiden oder spezifische Praktiken benennen, die sich, situativ eingebunden, relativ zur Zeit bewegen, um auf immer neue Weise in die Schichten der Zeit einzudringen und sie zu »durchbohren«. So beansprucht die Forschung im Ästhetischen ihre eigene Berechtigung *als* Forschung, unabhängig von aller theoretischen, diskursiven oder wissenschaftlichen Akzeptanz.

Sabine Hertig
Bildstücke, 2019

Deklination der Collage 0221 (deutsche Fassung Manifest)
Ohne Titel, 2017
42 x 90,5 cm
Analoge Collage auf Holz

Deklination der Collage 0222 (englische Fassung Manifest)
Ohne Titel, 2017
40 x 75 cm
Analoge Collage auf Holz

Die Arbeit *Bildstücke* (2019) ist aus einem Dialog mit dem Manifest entstanden und existiert nur in Buchform. Zwei Collagen von 2017 bildeten den Ausgangspunkt für *Bildstücke*. Der Deklinationsprozess und die damit verbundene Dramaturgie ist eng verknüpft mit dem Buch als Medium und seiner künstlerischen Befragung.

Sabine Hertig ist Künstlerin und studierte an der Hochschule für Gestaltung und Kunst Basel (Master of Arts in Art Education). Seit 2013 wird sie von der STAMPA Galerie in Basel vertreten. 2013 erhält sie den Kulturpreis Riehen, 2017 den Cristina Spoerri Preis. 2018 erschien ihre erste umfassende Monografie *Sabine Hertig scrap* (Hg. Ines Goldbach) im Christoph Merian Verlag. Hertig stellt regelmäßig im In- und Ausland aus. www.sabinehertig.ch

Es bleibt der Zweifel. Er bildet ein Produktionsprinzip.
Es produziert: ästhetische Reflexivität.

15. **Das Prekäre der Ästhetischen Forschung ist auch ihr
     Potenzial.**